BEI GRIN MACHT SICH IHR WISSEN BEZAHLT

AF130055

- Wir veröffentlichen Ihre Hausarbeit,
  Bachelor- und Masterarbeit

- Ihr eigenes eBook und Buch -
  weltweit in allen wichtigen Shops

- Verdienen Sie an jedem Verkauf

Jetzt bei www.GRIN.com hochladen
und kostenlos publizieren

Bibliografische Information der Deutschen Nationalbibliothek:

Die Deutsche Bibliothek verzeichnet diese Publikation in der Deutschen National-
bibliografie; detaillierte bibliografische Daten sind im Internet über http://dnb.d-
nb.de/ abrufbar.

Impressum:

Copyright © 2018 GRIN Verlag
Druck und Bindung: Books on Demand GmbH, Norderstedt Germany
ISBN: 9783668827271

Dieses Buch bei GRIN:

https://www.grin.com/document/446064

Till Kühn

Die Veränderung der deutschen Wirtschaft und des deutschen Handels in der NS-Zeit und während des 2.Weltkrieges

GRIN Verlag

HAUSARBEIT

T. J. Kühn
Unternehmen, Betrieb, Arbeit

**Die Veränderung der deutschen Wirtschaft
und des deutschen Handels in der NS-Zeit
und während des 2.Weltkrieges**

Hochschule für Wirtschaft und Recht, Berlin 05.08.2018

Inhaltsverzeichnis

1. Einleitung

Deutschland ist das Land, welches durch den zweiten Weltkrieg wahrscheinlich stärker geprägt wurde, als jedes andere. Bekannt sind vor allem die Verbrechen, die während des 2. Weltkriegs begangen worden sind und die Zerstörung, die der Krieg mit sich brachte. Die Vernichtungsfeldzüge, die schrecklichen Genozide, die Grausamkeiten der Nazis und die riesigen Zahlen gefallener Soldaten. Doch das sind nur einige Aspekte des Krieges und der Zeit des NS-Regimes. In dieser Arbeit soll es um die Hintergründe gehen, genauer um die Veränderung in der Wirtschaft während des Machtwechsels und während des Krieges sowie um den wirtschaftlichen Aspekt der zunehmenden Ausgrenzung und Enteignung der Juden. Was waren die Gründe für Hitlers wirtschaftlichen Erfolg bzw. hatte Hitler überhaupt einen realen wirtschaftlichen Erfolg? Inwiefern hängen seine Weltanschauung und sein politisches Konzept mit der fast vollkommenen Einstampfung der Arbeitslosigkeit zusammen? Hat die NS-Wirtschaft tatsächlich die Weltwirtschaftskrise überwunden?

2. Die wirtschaftliche Situation in der Weimarer Republik nach Kriegsende

Während der späten Phase der Weimarer Republik, also in der Phase vor dem Nationalsozialismus und nach dem ersten Weltkrieg, sah die wirtschaftliche Lage wie folgt aus: Deutschland hatte eine sehr hohe Arbeitslosenquote und litt unter den Restriktionen des Versailler Vertrages. Die neuen Grenzen machten Deutschland zu schaffen, denn sowohl große Teile von Preußen, das gesamte Gebiet Elsass-Lothringen als auch alle Kolonialgebiete waren ihm durch den Versailler Vertrag aberkannt worden. *„Allein die Abtretung Elsass-Lothringens bedeutete den Verlust von 70 Prozent der gesamten deutschen Erzförderung. Die Landwirtschaft verlor insgesamt einen Flächenanteil von 14 Prozent"* [1] *„26 Prozent der Steinkohleförderung sowie 44 Prozent der Roheisen- und 38 Prozent der Stahlproduktion des Deutschen Reichs stammten aus den abzutretenden Gebieten."* [2] Auch die Eingliederung der Soldaten und die Pflege der Verwundeten, die den Krieg überlebt hatten waren eine

---

[1] Arnulf Scriba, Deutsches Historisches Museum, Berlin (2. September 2014) Link: https://www.dhm.de/lemo/kapitel/weimarer-republik/industrie-und-wirtschaft.html

[2] Arnulf Scriba, Deutsches Historisches Museum, Berlin (2. September 2014) Link: https://www.dhm.de/lemo/kapitel/weimarer-republik/industrie-und-wirtschaft.html

Belastung[3]. Zusätzlich musste Deutschland große Reparaturen in Form von Eisenbahnen und Maschinen zahlen, was der Infrastruktur schadete. Insgesamt 5.000 Lokomotiven, 150.000 Eisenbahnwaggons und 5.000 Lastkraftwagen und 90 Prozent der Hochsee-Handelsflotte musste Deutschland abtreten[4]. All das belastete das eigentlich, mit großem wirtschaftlichen Potenzial versehene Deutschland.[5] Es kam allerdings zwischenzeitlich wieder zu einem Aufschwung der deutschen Wirtschaft als mit der Inflation die Deutschen zu sehr billigen Preisen ins Ausland exportieren konnten, der Wiedereinstieg in den Welthandel gelang[6]. Auch die immer größer werdende Automobilbranche stärkte Deutschlands Wirtschaft zunehmend und weitere große Unternehmen konnte ihren Platz auf dem Weltmarkt zurück ergattern. Die Inflation führte allerdings dazu, dass die Währung komplett zusammenbrach und die Produktion wieder zurück ging. Dann kam der Dawes-Plan und entlastete die deutsche Wirtschaft wieder deutlich durch die Lockerung der jährlichen Reparaturzahlungen. Es gab wieder einen signifikanten Aufschwung, welcher allerdings abrupt endete mit der Wirtschaftskrise 1929/30, welche dazu führte, dass die Amerikaner ihre Kredite abzogen. Diese wiederrum waren Grundpfeiler der deutschen Wirtschaft und so stürzte Deutschland zurück in die Krise. *„Die Industrieproduktion sank von 1929 bis 1932 um 40%."*[7] Auch der Außenhandel ging deutlich zurück und es kam zu einer Bankenkrise, da alle versuchten ihr Geld zu retten in dem sie es von der Bank nahmen. Die Wirtschaftskrise sorgte allerdings nicht nur dafür, dass viele Menschen Geld verloren und verarmten, sondern auch zum Verlust des Ansehens der Weimarer Republik und Loyalität zur Regierung. Diese wieder steigende Armut und Arbeitslosigkeit waren guter Nährboden für die Propaganda der NSDAP.

3. Versprechen der Nationalsozialisten

Die NSDAP hatte schon lange vor der Machtergreifung ihr „25-Punkte-Programm" verkündet. Bestandteile waren unter anderem die Aufhebung des Versailler Vertrages, der Wiederaufbau eines selbstbestimmten Großdeutschlands und der Ausschluss der Juden aus der deutschen Volksgemeinschaft. Insgesamt wurde der Fokus auf das Gemeinwohl gelegt (wenn auch nicht für alle, denn die Juden waren ja

---

[3] Dr. Friedrich Kießling et al., Brockhaus S.216
[4] Vgl. Arnulf Scuba (siehe Fußnote 1)
[5] Dr. Friedrich Kießling et al., Brockhaus s.216
[6] Vgl. Arnulf Scuba (siehe Fußnote 1)
[7] Arnulf Scuba (siehe Fußnote 1)

ausgeschlossen) und auf das Wiedererlangen alter Stärke. Sie hatten zum Ziel, schnell Arbeitsplätze zu schaffen. Dies würde einen propagandistischen Gewinn für sie bedeuten und die Durchsetzung ihrer politischen Ziele deutlich vereinfachen.[8] Das war natürlich für viele Bürger tatsächlich ein Grund die NSDAP zu wählen, da sie unter dem Versailler Vertrag und der schlechtlaufenden Wirtschaft stark litten und somit der Gedanke von einem einigen deutschen Volk mit alter Stärke, Gleichheit sozialer Chancen und gerechtere Verteilung der Wirtschaftskraft mehr als willkommen war. An dieser Stelle zitiere ich Heinrich August Winkler: *„So rückwärtsgewandt vieles war, was die NSDAP ihren Wählern versprach, der Erfolg dieser Partei war vor allem eine Frucht ihrer Fähigkeit, sich den Bedingungen des Massenzeitalters anzupassen und in diesem Sinn Modernität zu beweisen."* Die Nazis nutzten also geschickt die Hilfslosigkeit und Existenzangst der Deutschen zur Machtergreifung. Sie trafen mit ihrem wirtschaftspolitischen Konzept genau das, was die Deutschen suchten.

4. Der Nationalsozialismus

Zum 30. Januar 1933 wurde Hitler zum Reichskanzler ernannt und hatte sogar zwei Nationalsozialisten als Minister in seinem Kabinett. Die NSDAP war mittlerweile eine Massenpartei geworden. Die Machtergreifung war geglückt. Nun wurden zunächst Schritte zur Machtsicherung unternommen, aber auch die ersten Schritte die Weltwirtschaftskrise zu überwinden und die gegebenen Versprechen einzuhalten. Die Arbeitslosigkeit sollte stark eingedämmt werden und das nicht nur mit Arbeitsbeschaffungsprogrammen, sondern auch mit Ausdehnung des Reiches. Es wurde zunächst ein 6-monatiger Reichsarbeitsdienst (RAD) für alle 18 bis 21-Jährigen eingeführt, erst als freiwillige NS-Organisation, ab 1935 dann als Pflichtorganisation. *„Mit dem Postulat ‚Gemeinnutz geht vor Eigennutz' wurden im Zuge der Gleichschaltung aller staatlichen und gesellschaftlichen Institutionen auch die Gewerkschaften aufgelöst und ihre Funktionen der Deutschen Arbeitsfront (DAF) übertragen."*[9] Das Streikrecht wurde abgeschafft und somit Lohnerhöhungen vermieden, die viel Geld kosteten. Allerdings wurden soziale Verbesserungen vorgenommen wie z.B. der 1. Mai, der als vollbezahlter Feiertag eingeführt wurde

---

[8]Vgl. Verena Greif, Die nationalsozialistische Wirtschaftspolitik, GRIN Verlag (eBook)

[9] Johannes Leicht, Deutsches Historisches Museum, Berlin, 25. September 2015 Link: https://www.dhm.de/lemo/kapitel/ns-regime/wirtschaft

und die Organisation „Kraft durch Freude", die für bezahlbare Freizeitbeschäftigungen sorgte. So konnten sich auch Arbeiter einen Sommerurlaub leisten. Zusätzlich wurde auch noch der Mindesturlaub für Arbeiter von 3 auf 6 Tage erhöht.[10] Diese Maßnahmen hatten zum Ziel, den Arbeitern Zeit zur Erholung zu bieten und ihnen somit neuen Ansporn und mehr Kraft zu geben. Es gab Arbeitsschaffungsprogramme, in die viel Geld gesteckt wurde. Bis Jahresende 1933 wurden ganze 3,1 Milliarden Reichsmark investiert. Neben den Arbeitsschaffungsprogrammen, sorgten auch Straßenbau (z.B. Autobahn), Wohnungsbau, Steuererleichterungen, Fortbildungen und staatlich subventionierte Stellen für einen wirtschaftlichen Aufschwung.

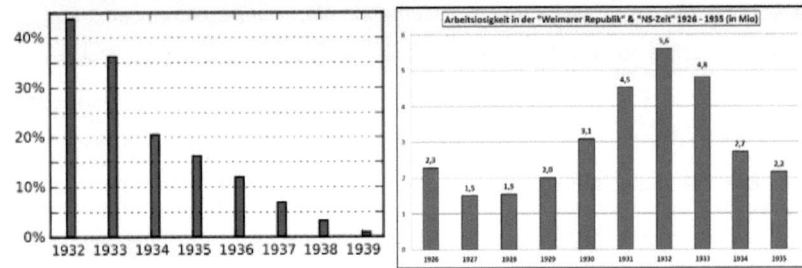

Quelle: Linke Grafik: https://de.wikipedia.org/wiki/Wirtschaft_im_Nationalsozialismus#/media/File:Unemployment-rate-germany-1932-1939.svg, Walter Galenson & Arnold Zellner (1957), International comparison of unemployment rates

Rechte Grafik: https://www.memory-palace.de/wp-content/uploads/2015/07/Arbeitslosigkeit-Weimarer-Republik-NS-Zeit.png

Wie man anhand der Grafik(links) sehen kann, ist es der Regierung tatsächlich gelungen, durch ihre Maßnahmen, die Arbeitslosigkeit zu senken. So stand die Arbeitslosigkeit 1932 vor der Machtergreifung noch bei über 40%, 2 Jahre später wurde sie schon um die Hälfte reduziert, sodass sie 1934 bei ca. 20% stand. Die Arbeitslosigkeit sank konstant weiter, sodass sie 1939 zu Kriegsbeginn bei fast 0% lag. In der Rechten Grafik hat man noch einmal einen Überblick über die Arbeitslosen in reellen Zahlen. Man sieht deutlich, dass zum Ende der Weimarer Republik und nach der Weltwirtschaftskrise die Arbeitslosenanzahl drastisch anstieg. 1930 zu 1931 und 1931 zu 1932 um ca. 1 Million Menschen. Damit hatten die Nationalsozialisten eines ihrer Versprechen umgesetzt.

---

[10] Vgl. Johannes Leicht, Deutsches Historisches Museum, Berlin, 25. September 2015 Link: https://www.dhm.de/lemo/kapitel/ns-regime/wirtschaft

4.1 Die Enteignung der Juden

Die Enteignung und der Ausschluss der Juden spülte dabei auch sehr viel Geld in die Staatskasse und brachte neue, freie Stellen. Im April wurde das „Gesetz zur Wiederherstellung des Berufsbeamtentums" verabschiedet und die jüdischen Beamten verloren ihre Stellen. Ebenfalls wurden Juden von bestimmten Berufen und Studiengängen ausgeschlossen. Das bedeutete, dass es mehr Arbeitsplätze und Studienplätze für die „arisch-deutschen" gab.[11] Die nach dem Novemberpogrom 1938 der jüdischen Bevölkerung als Sühnezahlung auferlegte "Judenbuße" in Höhe von einer Milliarde Reichsmark erhöhte die Staatseinnahmen um gut sechs Prozent. Im Haushaltsjahr 1938/39 stammten insgesamt mindestens neun Prozent der laufenden Reichseinnahmen aus "Arisierungserlösen". Beispielsweise: *„Die traditionsreiche Warenhauskette Hermann Tietz mit über 10.000 Angestellten. Sie wurde als eines der ersten Unternehmen bereits im August 1934 zwangsenteignet."*[12] Die 1941 erschienene 11. Verordnung zum Reichsbürgergesetz sorgte dafür, dass alle Juden im Ausland ihren ganzen Besitz und ihre Staatsbürgerschaft verloren. Dieses Gesetz wurde auch auf die später deportierten Juden angewandt.[13] Der Staat bereicherte sich also zunehmend an den Juden und ihrem Besitz. Der Nebeneffekt dieser Ausgrenzung und Ausbeutung war, dass viele Juden das Land verließen. Der sogenannte Braindrain. Das bedeutet: *„Emigration von Arbeitskräften, die dem Abwanderungsland Kenntnisse und Fertigkeiten, d.h. in den Menschen inkorporiertes Humankapital, entzieht."* Die Ursachen hierfür *„sind exogene Faktoren (z.B. bessere Arbeitsbedingungen und Entlohnung) und endogene Faktoren (z.B. den Opportunitätskosten nicht entsprechende Entlohnung, politische Instabilität, Diskriminierung und Unterdrückung."*[14] Im Fall der Juden und anderer Minderheiten waren Unterdrückung und Diskriminierung die Hauptgründe. Nicht zu vergessen, die Millionen ermordeter Juden unter denen auch sehr viele Akademiker, Wissenschaftler und Beamte waren. Auch nicht-jüdische Wissenschaftler verließen das Land. Diese Verluste an Human kapital sind aber erst Jahre später zu spüren. Menschen wie Thomas Mann, Bertold Brecht und Albert Einstein verließen das Land.

---

[11] Dr. Friedrich Kießling et al., Brockhaus s.259
[12] Johannes Leicht, Deutsches Historisches Museum, Berlin, 25. September 2015 Link: https://www.dhm.de/lemo/kapitel/ns-regime/wirtschaft
[13] Willy Bötcher, https://www.berlin.de/sen/finanzen/ueber-uns/architektur-geschichte/artikel.5181.php
[14] Prof. Dr. Martin Klein, Link: https://wirtschaftslexikon.gabler.de/definition/braindrain-30595

Albert Einstein war später bei der Entwicklung der Atombombe beteiligt, die den 2.Weltkrieg beendete.

4.2 Euthanasie als Entlastung

Euthanasie bedeutete im „Dritten Reich" die systematische Ermordung behinderter und Alter Menschen, die das Volk finanziell „belasteten" und gleichzeitig schwächten. Grundlage dafür bot der Sozialdarwinismus, den die Nazis vertraten. Sie wollten ein starkes, gesundes Volk und hatten keinen Platz für Alte, Kranke und Behinderte. [15]„Ende der 1930er Jahre gab das Rassenpolitische Amt der Nationalsozialistischen Deutschen Arbeiterpartei (NSDAP) ein Werbeplakat heraus, das einen sitzenden, offenbar bewegungsunfähigen verkrüppelten Mann und

https://www.dhm.de/fileadmin/medien/lemo/images/pli02843.jpg

einen hinter ihm stehenden Pfleger zeigt. Die bildliche Aussage wird durch den Satz "60.000 RM kostet dieser Erbkranke die Volksgemeinschaft auf Lebenszeit" und den Hinweis "Volksgenosse das ist auch Dein Geld" verdeutlicht: Behinderte und unheilbar Kranke wurden aus der stets propagierten Volksgemeinschaft - ähnlich den Juden, Sinti und Roma und anderen Gruppen - ausgegrenzt. Ihr Tod bedeutete eine Einsparung für jeden gesunden "Volksgenossen". Mit den anthropologischen, genetischen und eugenischen Forschungen der "Rassenhygieniker" wurde ab Herbst 1939 der als "Euthanasie" bezeichnete Mord an den Menschen gerechtfertigt, deren Leben nach NS-Ideologie "nicht lebenswert" war."[16]

4.3 Der Vierjahresplan

„Wir sind übervölkert und können uns auf der eigenen Grundlage nicht ernähren...
Es ist aber gänzlich belanglos, diese Tatsachen immer wieder festzustellen, d.h.
festzustellen, dass unsere Lebensmittel oder Rohstoffe fehlen, sondern es ist

---

[15] Sven Degenhardt, SWR 2003 Link: https://www.planet-schule.de/wissenspool/spuren-der-ns-zeit/inhalt/hintergrund/euthanasie.html
[16] John von Düffel, o.J. Link: https://www.landestheater-schwaben.de/UserFiles/Media/lehrerbereich/theaterpadagogische-materialmappe-nebel-im-august.pdf

entscheidend, jene Maßnahmen zu treffen, die für die Zukunft eine endgültige Lösung, für den Übergang eine vorübergehende Entlastung bringen können. Die endgültige Lösung liegt in einer Erweiterung des Lebensraumes bzw. der Rohstoff- und Ernährungsbasis unseres Volkes. Es ist die Aufgabe der politischen Führung, diese Frage dereinst zu lösen... Ich stelle damit folgende Aufgabe:

1. Die deutsche Armee muss in vier Jahren einsatzfähig sein.

2. Die deutsche Wirtschaft muss in vier Jahren kriegsfähig sein."[17]

Ab dem Jahr 1936 erhielten die rüstungspolitischen Zielsetzungen absolute Priorität. Für Hitler war Wohlstand für sein Volk nur zu erreichen, in dem er andere Völker versklavte und ausrottete. Das bedeutete, dass seine Wirtschaft auf einen Lebensraum-Krieg ausgerichtet sein musste. Die Wirtschaft wurde explizit auf Rüstung und Kriegsvorbereitung ausgebaut. Sie sollte autark werden. Das bedeutet sie sollte vollkommen unabhängig von Rohstoff- und Nahrungsmittel-Import sein, denn das war der einzige Weg eine Weltmacht zu werden.[18]Innerhalb von 4 Jahren sollte die deutsche Wirtschaft also kriegsbereit sein. Hermann Göring war „Beauftragter des Vierjahresplans" und war somit weisungsbefugt allen Wirtschaftsbehörden gegenüber. Der Vierjahresplan beendete außerdem die Phase der relativ autonomen Wirtschaft wieder.[19]

  Mit der Umstellung auf Wehrwirtschaft griffen die Nationalsozialisten zunehmend in die privatwirtschaftlichen Strukturen ein. Der Staat bestimmte Preise und Produktionsziele. „Der Anteil für Rüstung und Militär an den Gesamtausgaben des Staatshaushalts stieg zwischen 1933 und 1936 von vier auf 39 Prozent. 1938, wurden schließlich die Hälfte aller Staatsausgaben für Rüstung und Kriegsvorbereitung verwendet."[20] Dieser Vierjahresplan war 3 Jahre später zum ersten Feldzug gegen Polen nur ansatzweise erfüllt. Trotzdem waren die Deutschen so gut vorbereitet und ausgerüstet, dass sowohl Polen als auch Frankreich in wenigen Wochen eingenommen war. Es waren kurze Feldzüge, da die deutschen Ressourcen für lange Abnutzungskriege nicht ausgereicht hätten. Der Mangel an Ressourcen wurde im späteren Kriegsverlauf mit Plünderei ausgeglichen. Sowohl Maschinen, Rohstoffe und Nahrungsmittel, als auch Arbeitskräfte wurden

---

[17] Adolf Hitler, geheime Denkschrift zum Vierjahresplan 1936
[18] Kursbuch Geschichte, Katrin Laschewski-Müller und Robert Rauh
[19]Vgl. Johannes Leicht,Deutsches Historisches Museum, Berlin (25. September 2015) Link: https://www.dhm.de/lemo/kapitel/ns-regime/wirtschaft

[20] Johannes Leicht,Deutsches Historisches Museum, Berlin (25. September 2015) Link: https://www.dhm.de/lemo/kapitel/ns-regime/wirtschaft

rücksichtslos geplündert. [21]

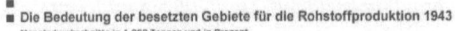
■
■ Die Bedeutung der besetzten Gebiete für die Rohstoffproduktion 1943
Monatsdurchschnitte in 1.000 Tonnen und in Prozent

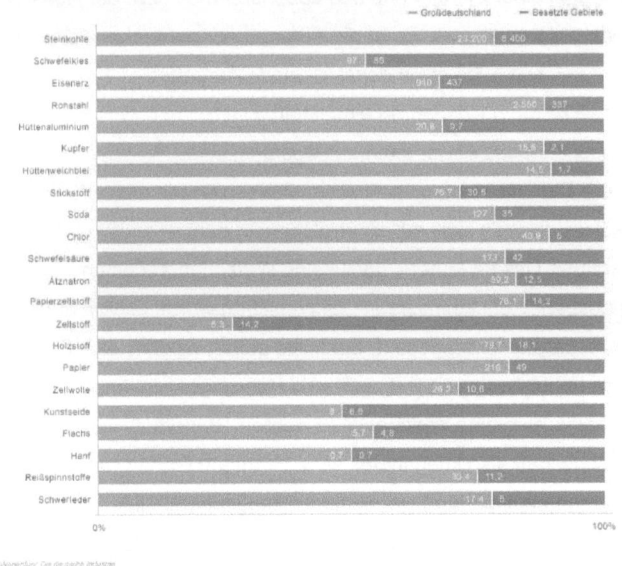

Quelle: http://www.bpb.de/cache/images/7/205577-st-galerie.jpg?C263E

An der Grafik der Bundeszentrale für politische Bildung kann man erkennen, dass die deutsche Wirtschaft angewiesen war, auf Rohstoffe aus den besetzten Gebieten und somit auch nicht wirklich autark war. Das bestätigt die These, dass die deutsche Wirtschaft nur dank Ausbeutung und Ausnutzung der besetzten Gebiete funktionierte. Wie auf der Grafik deutlich erkennbar wird, machten die Importe einen sehr großen Teil der Rohstoffgewinnung aus.

5. Zwangsarbeiter im Krieg

„Sicher ist: Das bis zum Herbst 1944 hohe Niveau der Versorgung im Dritten Reich setzte die menschenverachtende Ausbeutung von Arbeitskräften voraus. Der Krieg hätte nicht so lange geführt werden können ohne die zwölf Millionen Menschen aus fast ganz Europa, die für das Dritte Reich Zwangsarbeit geleistet haben: ausländische Zivilarbeiter, Kriegsgefangene, KZ-Häftlinge, Häftlinge aus Gestapo-

---

[21]Vgl. Arnulf Scriba, Deutsches Historisches Museum, Berlin (13. Mai 2015) Link: https://www.dhm.de/lemo/kapitel/der-zweite-weltkrieg/industrie-und-wirtschaft.html

und "Arbeitserziehungslagern", Juden, Sinti und Roma. Allein im Sommer 1944 gab es 7,6 Mio. ausländische Arbeitskräfte, darunter mehr als 1,9 Millionen Kriegsgefangene und 5,7 Mio. zivile Arbeiterinnen und Arbeiter, zumeist aus Polen und der Sowjetunion. Etwa zweieinhalb Millionen dieser "Zwangsarbeiter" (wie die erst später gängige Bezeichnung lautet) sind zwischen 1939 und 1945 im Reich ums Leben gekommen, vor allem sowjetische Kriegsgefangene und KZ-Häftlinge."[22] Die deutsche Wirtschaft profitierte massiv von Zwangsarbeitern. Große deutsche Unternehmen verleibten sich Firmen in eroberten Ländern ein, da man dort viel billiger produzieren konnte. Eins dieser Unternehmen war die Daimler-Benz AG. Aber auch im Deutschen Reich konnte man Bedarf für Zwangsarbeiter anmelden und man bekam diese ins Reich deportiert. Sie arbeiteten in der Landwirtschaft, in Betrieben, in Fabriken, in Rüstungsunternehmen und in Privathaushalten. Sie wurden behandelt wie Sklaven. Es gab in den besetzten Ländern sogar eine Arbeitsverwaltung, deren Hauptaufgabe in der Rekrutierung von Zwangsarbeiternbestand: zum einen für diese Gebiete selbst, mehr aber noch zu Deportation ins Reich zur Unterstützung in der Land- und Kriegswirtschaft[23]. 1943, waren die Hälfte aller Arbeiter in der Landwirtschaft „Fremdarbeiter". 1944 bestand ein Drittel aller Beschäftigten aus dem Ausland. Die Zwangsarbeiter wurden nach Vorbild der Rassenideologie auch nochmal in Klassen unterteilt – so standen die West- und Nordeuropäer ganz oben, direkt unter den „Herrenmenschen" und ganz unten die Juden und „Zigeuner".

„Zwangsarbeiter und Zwangsarbeiterinnen prägten den Kriegsalltag der Deutschen und waren spätestens ab 1942 nicht zu übersehen, weder im Reich noch in den besetzten Gebieten. Die Demütigung, Ausbeutung und "Vernichtung" rechtloser Menschen durch aufgezwungene Arbeit war ein öffentliches Verbrechen."[24] Somit konnte eigentlich niemand leugnen, die Verbrechen der Nationalsozialisten mitbekommen zu haben, was ja im Nachhinein viele taten. *Im Fall der Wirtschaft bedeutet dies, wie allgemein bekannt, dass führende Unternehmer jegliche Mitschuld an den Verbrechen des Regimes abstritten und darüber hinaus in zunehmendem Maße auf ihrer Opferrolle beharrten, mit der Erklärung, das Regime habe ihre Firmen*

---

[22] Dr. habil. Jörg Echternkamp, Link: http://www.bpb.de/geschichte/deutsche-geschichte/der-zweite-weltkrieg/199405/kriegswirtschaft-und-zwangsarbeit

[23]Karsten Linne, Zwangsarbeit in Hitlers Europa 2013
[24]Dr. habil. Jörg Echternkamp Link: http://www.bpb.de/geschichte/deutsche-geschichte/der-zweite-weltkrieg/199405/kriegswirtschaft-und-zwangsarbeit

dazu angehalten, sich an den Kriegsanstrengungen zu beteiligen, Zwangsarbeiter zu beschäftigen und dergleichen mehr."[25]

6. Die Folgen der Autarkie

Insgesamt war die Autarkiepolitik bis Kriegsbeginn wenig erfolgreich gewesen. Sie führte zu einer explodierenden Staatsverschuldung und wirtschaftlich geradewegs in eine Krise. Die Verlagerung des Produktionsschwerpunktes auf Kriegsgüter führte dazu, dass es zu starken Einbußen im Konsumbereich kam. Hochwertige Lebensmittel und Konsumgüter wurden ersetzt durch minderwertig qualitative Güter. Die erhöhte Produktion von Rüstungsartikeln brachte eine Einkommenserhöhung der Arbeiter mit sich, die allerdings nicht auf Lohnerhöhung, sondern auf Überstunden zurück zu führen ist. Zudem steigerte das erhöhte Familieneinkommen eher die Sparquote als den Konsum. Als Ausweg aus dieser Schuldenfalle griffen die Nazis auf Privatanalagen und Privatkonten zu und benutzten diese für die Rüstungsfinanzierung ohne das Wissen und die Zustimmung der Einzelpersonen. Vor allem deckten diese Schulden allerdings die Enteignungen der Juden und die Millionen von ausgebeuteten Zwangsarbeitern wie oben schon beschrieben.[26]

7. Bewertung der Veränderung der Wirtschaft unter dem NS-Regime

Unter dem Aspekt der Produktionszahlen, dem Wirtschaftswachstum, der Entstehung neuer Industrien, dem technologischem Fortschritt und der Bekämpfung der Arbeitslosigkeit, könnte man zu dem Schluss kommen, dass die nationalsozialistische Wirtschaftspolitik über aus erfolgreich war und somit die Wirtschaftskrise überwunden hat[27]. Allerdings darf man dabei wichtige Aspekte nicht übersehen. Die gesamte Wirtschaft war auf Rüstung und Krieg ausgelegt und somit sehr einseitig ausgerichtet. Sie war außerdem nie wirklich selbständig und die Investitionen wurden zunehmend nur noch im Rüstungsbereich vorgenommen, die Versorgung der Bevölkerung war erst zunächst zweitrangig. Zu guter Letzt profitierten nur die Großunternehmen durch den Wirtschaftsboom deutlich, den die Aufrüstung mit sich brachte. Ebenfalls kann man sagen, dass die NS-Wirtschaft schon deutlich früher zusammengebrochen wäre, hätten die Nazis sich nicht an den

---

[25] Gerald D. Feldman, Historische Vergangenheitsbearbeitung
[26] Kursbuch Geschichte, Katrin Laschewski-Müller und Robert Rauh
[27] Verena Greif, Die nationalsozialistische Wirtschaftspolitik, GRIN Verlag

Besitztümern der deutschen Juden bereichert. Später waren es die Verschleppten in Arbeitslagern und Zwangsarbeiter, die für die Erhaltung des NS-Wirtschaftsformats arbeiteten und die Grundlage für sein Weiterbestehen bildeten. Hitler kam es nie darauf an ein langfristig funktionierendes Wirtschaftssystem in Deutschland einzuführen. Ihm kam es nur auf kurzfristige Erfolge an und auf propagandistische Argumente. Ganz im Gegenteil, seine so einseitige Investition in Rüstung und die Unterordnung anderer Wirtschaftszweige zerstörte die deutsche Wirtschaft ganzheitlich und hätte nur dann funktioniert, wenn er den Krieg tatsächlich gewonnen hätte und somit als Vorherscher von Europa, weiterhin die eroberten Länder ausgenutzt hätte.

8. Konklusion

Wenn man nun also die deutsche Wirtschaft unter dem NS-Regime vergleicht mit der Wirtschaft der Weimarer Republik, kommt man zu dem Schluss, dass das „Deutsche Wirtschaftswunder", eigentlich nie wirklich existiert hat. Es stimmt zwar, dass die Arbeitslosenquote fast auf null eingedämmt wurde, das war aber nur möglich durch extreme Staatsverschuldung und Ausrichtung auf Wehrwirtschaft, die früher oder später auf jeden Fall zu einem Krieg führen sollte. Hitlers Hass auf das jüdische Volk und die damit verbundene Ausbeutung der Juden spielten dabei eine zentrale Rolle, denn sehr viele Gelder, die zum Ausgleich der Verschuldung genommen wurden, stammten aus den Taschen der deutschen Juden. Die Enteignung und Ausnutzung waren also auch ein Grund für den kurzfristigen Arbeitsaufschwung und die fallende Arbeitslosigkeit. Das wirtschaftliche System, dass sich Hitler vorstellte, war also nur dafür da, Deutschland auf einen Krieg vorzubereiten. Denn die wirtschaftliche Rettung auf lange Sicht war, seiner Meinung nach, nur möglich durch einen Lebensraum-Krieg und die damit verbundene Unterwerfung der eingenommenen Länder. Selbst diese kurzfristig funktionierende Wirtschaft funktionierte nur weil man zunächst die Juden ausbeutete, später die besetzten Länder. Auf die finale Frage, ob Hitler und seine Regierung die Weltwirtschaftskrise überwunden haben, kann man keine eindeutige Antwort geben, denn auf der einen Seite hatte Hitler ja deutliche wirtschaftliche Erfolge vorzuweisen, auf der anderen Seite waren diese aufgebaut auf immenser Staatsverschuldung und Unterdrückung bestimmter Minderheiten. Zudem hatte Hitler das System so aufgebaut, dass es komplett kollabieren würde, wenn er fallen und sein Plan scheitern würde. Ich bin also der Meinung, dass die

Leistung der Nationalsozialisten rein wirtschaftlich gesehen, nicht besonders bahnbrechend waren. Was sie allerdings sehr gut konnten, war Propaganda betreiben und den Anschein zu erregen eine erfolgreiche Wirtschaft erschaffen zu haben, durch aufzeigen tatsächlich erreichter, kurzfristiger Erfolge.

9. Fazit

Man kann also sagen, dass die hauptsächliche Veränderung darin bestand die Wirtschaft von einer gerade geschaffenen Friedenswirtschaft, erneut in eine Wehrwirtschaft bzw. Kriegswirtschaft umzuwandeln sowie die Ausbeutung von Millionen von Menschen. Man sollte aber nicht zu endgültig mit diesem Fazit umgehen. Wenn man mehr Zeit in die Forschung steckt, mehr Einzelnachweise und gegebenenfalls eine größere Auswahl an verschiedenen Quellen (Nicht nur Bücher und Artikel) untersucht, kommen sich noch mehr interessante Einzelheiten zum Vorschein, die möglicherweise das Gesamtbild etwas beeinflussen.

10. Literaturverzeichnis/Internetquellen:

Bücher:

Katrin Laschewski-Müller, Robert Rauh: Kursbuch Geschichte, Berlin-Brandenburg, Cornelsen Verlag, 1. Auflage (2009)

Dr. Friedrich Kießling, Priv.-Doz. Dr. Thomas Nicklas, Dr. Claus W. Schäfer, Prof. Dr. Gregor Schöllgen, Dr. Matthias Stadelmann: Weltgeschichte seit der Aufklärung: Vom 18. Jahrhundert bis zur Gegenwart, F.A. Brockhaus GmbH (2006)

Prof. Dr. Bernd Jürgen Wendt, Beiträge zur Politik und Zeitgeschichte: Das nationalsozialistische Deutschland, Landeszentrale für polt. Bildungsarbeit Berlin (1999)

Verena Greif: Die nationalsozialistische Wirtschaftspolitik, GRIN Verlag (eBook) (o.J.)

Gerald D. Feldman: Historische Vergangenheitsbearbeitung, Wirtschaft und Wissenschaft im Vergleich, Max-Planck-Gesellschaft zur Förderung der Wissenschaften e.V. (2003)

Dieter Pohl, Tanja Sebta (Hrsg.) u. A.: Zwangsarbeit in Hitlers Europa, Besatzung/Arbeit/Folgen, Metropol Verlag (2013)

Internetquellen:

https://www.focus.de/wissen/mensch/geschichte/nationalsozialismus/tid-8712/hitlers-machtuebernahme_aid_235500.html (letzter Abruf 03.08.2018 20:53)

https://www.dhm.de/lemo/kapitel/ns-regime/wirtschaft (letzter Abruf 02.08.2018 13:46)

https://www.dhm.de/lemo/kapitel/der-zweite-weltkrieg/industrie-und-wirtschaft.html (letzter Abruf 03.08.2018 21:02)

https://www.planet-schule.de/wissenspool/spuren-der-ns-zeit/inhalt/hintergrund/euthanasie.html (letzter Abruf 03.08.2018 22:00)

https://www.landestheater-schwaben.de/UserFiles/Media/lehrerbereich/theaterpadagogische-materialmappe-nebel-im-august.pdf (letzter Abruf 03.08.2018 21:40) https://www.berlin.de/sen/finanzen/ueber-uns/architektur-geschichte/artikel.5181.php (letzter Abruf 04.08.2018 15:30)

http://www.bpb.de/geschichte/deutsche-geschichte/der-zweite-weltkrieg/199405/kriegswirtschaft-und-zwangsarbeit (letzter Abruf 04.08.2018 15:43)

http://www.bpb.de/mediathek/227592/sklavenarbeit (letzter Abruf 04.08.2018 16:00)

http://www.hagalil.com/shoah/stefan1.htm (letzter Abruf 04.08.2018 16:04)

https://geschichte-wissen.de/blog/hitlers-machtergreifung/ (letzter Abruf 04.08.2018 18:32)

https://wirtschaftslexikon.gabler.de/definition/braindrain-30595 (letzter Abruf 04.08.2018 20:00)